RÉPUBLIQUE FRANÇAISE.

Arrêté ministériel sur les concours de pigeons voyageurs organisés par lle Ministre de la guerre. (4e Direction ; Matériel du Génie.)

Paris, le 19 août 1897.

Vu la loi du 22 juillet 1896 relative aux pigeons voyageurs ;

Vu le décret du 22 juillet 1896 relatif aux pigeons voyageurs ;

Considérant qu'il est nécessaire de régler l'exécution des concours de pigeons voyageurs organisés par le Ministre de la guerre en tenant compte des nouvelles dispositions des loi et décret précités ;

Après entente avec le département de l'intérieur ;

Le Ministre de la guerre,

ARRÊTE :

Art. 1er. Le Ministre de la guerre accorde annuellement des récompenses et des encouragements aux sociétés colombophiles qui se conforment à ses indications pour les entraînements et les lâchers de leurs pigeons voyageurs.

Les droits à ces récompenses sont constatés à la suite de concours dits « Concours de l'Etat ».

Art. 2. Les amateurs colombophiles ne peuvent être admis aux concours de l'Etat que s'ils sont réunis en sociétés et s'ils sont, en outre, possesseurs d'au moins vingt pigeons.

Art. 3. Ne peuvent être admises aux concours de l'Etat que les sociétés dûment autorisées par le préfet du département.

Art. 4. En vue de leur admission aux concours de l'Etat, les sociétés doivent, au préalable, se constituer en fédérations.

Art. 5. En principe, il n'existe qu'une fédération par département. Toutefois, pour certaines villes désignées par le Ministre de la guerre, il pourra être formé des fédérations particulières. Les fédérations prennent le nom du département ou de la ville d'origine.

Art. 6. Chaque fédération est dirigée par un comité formé de représentants des diverses sociétés qui la constituent, à raison de un commissaire pour cinq membres prenant part aux concours.

Les commissaires élisent un président, un vice-président, un trésorier et un secrétaire, qui forment le bureau du comité directeur.

Les membres du comité directeur et du bureau sont nommés pour un an, mais ils sont rééligibles.

Art. 7. Les bureaux des fédérations ont seuls qualité pour correspondre avec le Ministre de la guerre, par l'intermédiaire de leurs présidents.

Toutes les opérations ou contestations relatives aux concours sont réglées par les soins des comités et de leurs bureaux.

Art. 8. Chaque année avant le 1er décembre, les présidents des fédérations adressent au Ministre de la guerre une demande à l'effet d'être admis aux concours de l'année suivante.

A cette demande, doivent être jointes les pièces ci-après :

1o La liste nominative de tous les membres de chaque société;
2o Deux exemplaires des statuts de chaque société.

Art. 9. D'après les demandes qui lui sont parvenues à la date du 1er décembre, le Ministre de la guerre arrête la liste des fédérations admises à prendre part aux concours de l'Etat pour l'année suivante.

Un avis d'autorisation notifié avant le 15 janvier à chaque fédération intéressée, lui fait connaître les villes désignées comme point de lâchers des concours qui lui sont imposés.

Art. 10. Immédiatement après la réception de l'autorisation, et en tout cas avant le 15 février, les présidents des fédérations admises adressent au Ministre de la guerre l'indication des points de lâchers d'entraînements relatifs à ces concours.

Ces listes sont ensuite communiquées aux divers préfets chargés d'assurer la surveillance des lâchers.

Art. 11. Aussitôt après l'exécution des concours et en tout cas avant le 1er décembre, les présidents des fédérations adressent les procès-verbaux au Ministre de la guerre.

Art. 12. En outre, les présidents dressent un état mentionnant, pour chaque sociétaire, le nombre des pigeons entraînés dans chacune des directions de concours et existant à la date du 1er octobre.

Ces états sont adressés au Ministre de la guerre, avant le 1er décembre.

Art. 13. D'après les procès-verbaux qui lui sont parvenus le 1er décembre, le Ministre de la guerre établit la liste des récompenses à attribuer aux lauréats.

Les récompenses sont adressées avec les diplômes qui les accompagnent, aux fédérations intéressées par l'intermédiaire des chefs du génie des localités ou résident ces fédérations. A défaut de chef du génie les récompenses sont délivrées aux fédérations par les commandants d'armes.

RÉPUBLIQUE FRANÇAISE

MINISTÈRE DE LA GUERRE

ARRÊTÉ MINISTÉRIEL DU 19 AOUT 1897

SUR LES

CONCOURS DE PIGEONS VOYAGEURS

ORGANISÉS

PAR LE MINISTRE DE LA GUERRE

Instruction pour l'application de l'Arrêté ci-dessus.

(Extrait du *Bulletin officiel*, partie réglementaire, année 1897.)

PARIS

HENRI CHARLES-LAVAUZELLE

Éditeur militaire

11, PLACE SAINT-ANDRÉ-DES-ARTS, 11

(Même maison à Limoges.)

Art. 14. L'instruction ministérielle du 28 octobre 1890 est abrogée.

Les détails d'exécution, en ce qui concerne l'application du présent arrêté, sont réglés par des instructions spéciales.

Paris, le 19 août 1897.

Le Ministre de la guerre,
BILLOT.

Instruction sur l'application de l'arrêté ministériel du 19 août 1897 sur les concours de pigeons-voyageurs organisés par le Ministre de la guerre.

Paris, le 19 août 1897.

Art. 1er. Les récompenses accordées par le Ministre de la guerre pour les concours de l'Etat consistent en objets d'art, médailles et diplômes ; les encouragements, donnés en dehors des concours, consistent en dons de pigeons provenant des colombiers militaires.

Art. 2. Les sociétés étant seules admises, aucun amateur colombophile isolé ne peut prendre part aux concours de l'Etat, lors même qu'il serait muni de l'autorisation préfectorale régulière de tenir un colombier.

En outre, dans une société autorisée, les membres possesseurs d'au moins vingt pigeons sont seuls admis à concourir et par suite ont seuls droit aux récompenses désignées ci-dessus.

Quant aux encouragements donnés par l'Etat, sous forme de pigeons provenant des colombiers militaires (dont la répartition est d'ailleurs laissée aux soins des sociétés), ils pourront être attribués à tous les membres d'une société admise aux concours de l'Etat, quel que soit le nombre de pigeons dont ces membres sont possesseurs.

Art. 3. Le Ministre de la guerre n'admet aux concours de l'Etat que les sociétés qui sont autorisées directement par les préfets, à l'exclusion de celles qui ne peuvent exister qu'en vertu d'une autorisation spéciale du Ministre de l'intérieur.

Par suite, la condition d'être autorisée par le préfet du département implique, pour une société, les conditions suivantes :

1° Tous les membres possesseurs de pigeons doivent être munis de l'autorisation préfectorale prévue à l'article 1er de la loi du 22 juillet 1896 ;

2° Ladite société ne peut, à aucun titre, renfermer des membres de nationalité étrangère.

Art. 4. La constitution en fédération a pour objet de créer un comité chargé de traiter toutes les questions relatives aux concours de l'Etat.

L'obligation de se fédérer s'applique également au cas où il n'existe qu'une seule société dans le département.

Une fédération n'est donc pas une association nouvelle, mais simplement un acte par lequel une ou plusieurs sociétés donnent mandat à un comité, pour se faire représenter auprès du Ministre de la guerre.

La fédération se trouve constituée par le seul fait que les sociétés adhèrent à l'engagement stipulé dans la formule qui accompagne la demande d'admission aux concours (modèle A).

Art. 5. Dans les conditions ordinaires, il n'est formé, pour les sociétés d'un même département, qu'une seule fédération qui a en principe son siège au chef-lieu du département. Cette fédération prend alors le nom du département d'origine.

Exemple : *Fédération de la Somme*.

Les fédérations désignées par le Ministre de la guerre dans certaines villes prennent le nom même de la ville.

Exemple : *Fédération du Havre*.

Dans ce cas, la fédération du Havre ne comprend que les sociétés dont les colombiers sont situés au Havre; toutes les autres sociétés du département forment la *Fédération de la Seine-Inférieure*.

Les titres des fédérations ne devront jamais comporter d'autres mentions que celles qui résultent des règles qu'on vient d'indiquer. Ils devront en particulier être exempts de toute qualification militaire. Il en sera de même, à plus forte raison, des titres des sociétés.

Art. 6. D'après l'article 2, un membre d'une société ne peut prendre part aux concours que s'il possède au moins 20 pigeons. En conséquence, les membres d'une société colombophile peuvent être considérés comme divisés en deux catégories : la première comprenant les membres possesseurs de 20 pigeons et au-dessus, la deuxième comprenant les membres possesseurs de moins de 20 pigeons, ainsi que les membres non possesseurs de pigeons, tels que les membres honoraires.

Le nombre des commissaires à élire pour une société est alors calculé d'après le nombre des membres de la première catégorie à raison de un commissaire par cinq membres.

Dans le cas où le nombre de ces membres n'est pas divisible par 5, le nombre des membres du comité est égal au quotient, si le reste de la division est inférieur à 3. Mais si le reste est égal ou supérieur à 3, le nombre des membres du comité est égal au quotient augmenté d'une unité.

Exemple : une société de 37 membres a droit à 7 commissaires, une société de 28 ou 29 membres a droit à 6 commissaires.

Les fédérations qui ne comprennent qu'une seule société doivent également élire un comité directeur et un bureau de fédération, ce bureau n'ayant pas forcément la même composition que celui de la société.

La nomination des commissaires et du bureau de la fédération doit précéder la demande d'admission aux concours de l'Etat.

Tout changement survenant dans la composition du comité ou du bureau de la fédération doit être immédiatement porté à la connaissance du Ministre de la guerre par l'intermédiaire du préfet du département.

Art. 7. Les comités directeurs et leurs bureaux sont les seuls représentants des sociétés auprès du Ministre de la guerre. Toute correspondance relative aux concours de l'Etat doit donc être transmise par le président de la fédération. Cette correspondance est adressée directement au Ministre de la guerre (4e Direction; Génie). Il n'est fait d'exception à cette règle que dans le cas prévu au dernier paragraphe de l'article 6 et pour les demandes d'admission (modèle A) dont il est parlé à l'article 8, qui sont adressées au Ministre de la guerre par l'intermédiaire des préfets.

Les attributions des comités directeurs comprennent l'organisation de toutes les opérations relatives à l'exécution des concours, ainsi que le réglement des contestations.

Aucune question de cette nature ne doit donc être portée devant le Ministre de la guerre, qui ne pourrait que la renvoyer au président de la fédération pour la soumettre au comité directeur chargé de toutes les questions d'ordre intérieur.

D'autre part, les comités directeurs étant institués uniquement en vue des concours de l'Etat, ils n'ont point à s'immiscer dans l'administration particulière des sociétés.

Art. 8. La demande d'admission aux concours de l'Etat comporte en même temps la constitution en fédération; elle doit, par suite, faire connaître la composition du comité directeur et de son bureau; elle doit également contenir l'engagement de se soumettre, en cas d'admission, aux conditions imposées par le Ministre de la guerre.

A cet effet, les demandes d'admission sont établies conformément au modèle A ci-joint.

A la demande d'admission sont jointes les listes des membres des sociétés qui composent la fédération. Il est établi une liste pour chaque société (modèle C). Dans la colonne 1, on portera les noms des membres, en inscrivant d'abord les membres du bureau de la société, puis les membres qui possèdent au moins vingt pigeons.

On inscrira ensuite tous les autres membres possesseurs ou non de pigeons. Les colonnes 1, 2, 3, 4, 5 seront remplies pour tous les membres; les colonnes 6 et 7 seront remplies seulement pour les membres possesseurs de pigeons.

La liste modèle C est signée par le président de la société et visée par le président de la fédération.

Toutes les listes des sociétés sont renfermées dans un bordereau formant chemise (modèle B) et signé par le président de la fédération.

La demande d'admission doit, en principe, être accompagnée des statuts de chaque société en deux expéditions.

Toutefois, lorsque ces statuts n'auront pas subi de modifications depuis l'année précédente, il ne sera pas nécessaire de les adresser à nouveau au Ministre de la guerre; mais mention doit être faite sur la demande d'admission (modèle A).

Les statuts doivent naturellement toujours accompagner une demande se produisant pour la première fois.

Les demandes d'admission aux concours de l'Etat, ainsi que les pièces qui les accompagnent, doivent être adressées au Ministre de la guerre (4e Direction ; Génie) par l'intermédiaire du préfet du département.

Art. 9. Il est indispensable que toutes les demandes d'admission parviennent au Ministre de la guerre avant le 1er décembre. Toute demande reçue après cette date sera considérée comme non avenue.

Art. 10. Aussitôt après avoir reçu l'autorisation de concourir, les fédérations établissent la liste des points de lâchers pour les entraînements préparatoires des concours. Cette liste est adressée directement au Ministre de la guerre. On aura soin d'indiquer dans chaque localité choisie comme point de lâcher, le département dans lequel elle se trouve.

Huit jours au moins avant la date du lâcher, le président de la fédération adresse au préfet de son département une demande d'autorisation de lâcher indiquant : la localité et le département où doit avoir lieu le lâcher; le nombre approximatif des pigeons qui doivent être lâchés; le nombre et le poids des paniers à transporter; les marques apposées sur les paniers; le nom du convoyeur. Enfin, la demande doit spécifier qu'il s'agit de pigeons devant prendre part à un concours de l'Etat.

L'autorisation de lâcher délivrée par le préfet est détachée d'un registre à souche spécial aux lâchers de fédérations (1).

Munis de cette autorisation spéciale, les présidents des fédérations admises aux concours de l'Etat, établissent les coupons qui leur permettent d'obtenir les réductions consenties par les compagnies de chemin de fer. (Voir notice ci-annexée.)

L'autorisation préfectorale est remise aux convoyeurs pour servir de sauf-conduit et à l'effet de permettre aux compagnies de chemin de fer d'exercer leur contrôle.

A la gare d'arrivée, l'autorisation de lâcher est remise à l'agent préposé au lâcher en vertu de l'instruction générale du 15 décembre 1896, ou, à défaut, au chef de gare.

---

(1) Les feuillets de ce registre seront de couleur rouge pour permettre de distinguer les sauf-conduits de couleur blanche, délivrés aux sociétés colombophiles ordinaires, de ceux délivrés aux fédérations qui prennent part aux concours de l'Etat.

Art. 11. Les procès-verbaux de concours sont établis conformément au modèle D. Ils sont signés par tous les membres du comité directeur, dont les signatures sont légalisées par le maire.

Art. 12. L'état des pigeons entraînés (modèle E) est dressé par société; il donne, pour chaque sociétaire, le nombre des pigeons entraînés existant dans son colombier à la date du 1er octobre.

Les nombres portés sur l'état modèle E se rapportent exclusivement aux pigeons entraînés dans les directions suivant lesquelles ont été exécutés les concours de l'Etat de la même année.

La colonne des totaux indique l'effectif de ces pigeons; les colonnes précédentes indiquent la répartition de cet effectif suivant les différentes directions.

Les états modèle E doivent parvenir au Ministre de la guerre avant le 1er décembre. Toute société qui ne les aurait pas fournis en temps utile ne pourrait être admise au concours de l'année suivante.

Art. 13. Les récompenses sont, autant que possible, remises en séance solennelle, après entente entre les présidents des fédérations et l'autorité militaire locale qui désigne un représentant pour présider la distribution des récompenses.

Art. 14. Les dispositions de la présente instruction qui annule celle du 28 octobre 1890, seront mises en vigueur pour les concours de l'Etat à faire en 1898.

Paris, le 19 août 1897.

Le Ministre de la guerre,

BILLOT.

RÉPUBLIQUE FRANÇAISE.

Modèle A.

DEMANDE D'ADMISSION.

L   société colombophile :

déclare   se constituer en une fédération ayant
pour titre : Fédération d   dont le siège
est à   et accepter pour l représenter le
Comité directeur dont la composition est indi-
quée d'autre part.

En conséquence, la fédération d
a l'honneur de demander à M. le Ministre de la
guerre l'autorisation de prendre part au concours
de l'Etat pour 189 .

Elle s'engage, si cette autorisation lui est
accordée, à se soumettre aux conditions qui lui
seront imposées pour les directions d'entraînements et de concours, ainsi qu'aux différentes
formalités prescrites par l'arrêté du 19 août 1897
et l'instruction ministérielle du même jour.

A la présente demande sont jointes les pièces
suivantes :

1° Liste nominative des membres d   société
ci-dessus désignée ;
2° Statuts actuellement en vigueur d   société :

Les statuts des autres sociétés n'ont pas subi
de modifications depuis le 1er décembre 189 .

A   , le   189 .

Le Président de la Fédération,

(*)

FÉDÉRATION d

CONCOURS DE L'ÉTAT POUR 189 .

Composition du Comité directeur.

NOMS et PRÉNOMS.	SOCIÉTÉS AUXQUELLES appartiennent les membres du comité.	FONCTIONS.		ADRESSES.	
MM.		Président.	à	rue	n°
		Vice-président.	à	rue	n°
		Trésorier.	à	rue	n°
		Secrétaire.	à	rue	n°
		Membre.	à	rue	n°

**MINISTÈRE
DE LA GUERRE.**

PIGEONS VOYAGEURS.
—

CONCOURS DE L'ÉTAT
en 189 .

RÉPUBLIQUE FRANÇAISE.

MODÈLE B.

FÉDÉRATION d

*BORDEREAU des listes nominatives des membres
des sociétés ci-après, composant la Fédération.*

Société   à
—   à
—   à
—   à
—   à

A   , le   189 .

Le Président de la Fédération,

MINISTÈRE
DE LA GUERRE.

PIGEONS VOYAGEURS.

—

CONCOURS DE L'ÉTAT
en 189 .

—

(1) **Dans la colonne 1, on inscrira d'abord les membres du bureau, puis les membres qui possèdent au moins 20 pigeons. On inscrira ensuite tous les autres membres possesseurs ou non de pigeons.**

RÉPUBLIQUE FRANÇAISE.

MODÈLE C.

LISTE nominative des membres de la société
colombophile l
dont le siège est à
Commune de
Département de

NOMS ET PRÉNOMS.	DOMICILE.	PROFESSION.	NATIONALITÉ.	SITUATION MILITAIRE.	EFFECTIF. du colombier.	DATE DE L'AUTORISATION de l'ouverture du colombier.	OBSERVATIONS.
1	2	3	4	5	6	7	8
							Président. Vice-Président Trésorier. Secrétaire. Membre.

Vu :　　　　　　　　　A　　　, le　　　189 .

Le Président de la fédération
de

Le Président de la Société.

MINISTÈRE
DE LA GUERRE.

PIGEONS VOYAGEURS.
—
CONCOURS DE L'ÉTAT
en 189 .

PIGEONS VOYAGEURS.

MODÈLE D.

PROCÈS-VERBAL

du concours général d   à
le   Organisé par la fédération d

Renseignements
généraux
sur le concours :

Nombre de pigeons engagés :
Nombre d'amateurs ayant participé au concours :
Nombre de pigeons rentrés au colombiers { le 1er jour / le 2e jour / les jours suivants } Total :
Heure exacte du lâcher :   heure   minutes.
Nombre de kilomètres parcourus à vol d'oiseau :
Vitesse moyenne des 10 premiers pigeons arrivés :
Etat de l'atmosphère :
Direction et force du vent :

CLASSEMENT DES PIGEONS.

ORDRE D'ARRIVÉE.	NOM DES AMATEURS.	DOMICILE.	JOUR ET HEURE d'arrivée.	OBSERVATIONS.
1er				
2e				
3e				
4e				
5e				
6e				
7e				
8e				
9e				
10e				
11e				
12e				
13e				
14e				
15e				

ORDRE D'ARRIVÉE.	NOM DES AMATEURS.	DOMICILE.	JOUR ET HEURE d'arrivée.	OBSERVATIONS.
16°				
17°				
18°				
19°				
20°				
21°				
22°				
23°				
24°				
25°				
26°				
27°				
28°				
29°				
30°				

A   , le   189   .

Les Membres du comité de la

Vu pour légalisation des signatures ci-dessus :

A   , le   189   .

Le Maire d

MINISTÈRE
DE LA GUERRE.

PIGEONS VOYAGEURS.
—
CONCOURS DE L'ÉTAT
en 189 .

RÉPUBLIQUE FRANÇAISE.

Fédération d

MODÈLE E.

ÉTAT des pigeons entraînés existant à la date du 1er octobre 189 .

NOMS et PRÉNOMS.	SOCIÉTÉS.	DIRECTION de	DIRECTION de	DIRECTION de	DIRECTION de	TOTAUX.	OBSERVA-TIONS.
1	2	3	4	5	6	7	8

Le Président de la Fédération,

A , le 189 .

Notice sur les transports par chemin de fer des pigeons voyageurs prenant part aux concours de l'Etat.

Toutes les réductions de tarif indiquées ci-après s'appliquent, non seulement aux concours proprement dits, mais encore aux entraînements préparatoires à ces concours.

Transport des paniers pleins à l'aller. — Les six grandes compagnies de chemins de fer (Nord, Ouest, Est, Midi, Orléans, P.-L.-M.), ainsi que l'administration des chemins de fer de l'Etat, accordent, pour le transport des paniers pleins, une réduction de 50 p. 100 sur le prix résultant de l'article 37 des tarifs généraux en vertu duquel les petits animaux en panier sont taxés sur le double de leur poids réel, cumulé avec celui des paniers.

Il résulte de cette clause que la taxe à percevoir pour les paniers pleins est celle du tarif ordinaire de la messagerie, d'après le poids réel des colis.

La réduction de tarif ci-dessus est accordée à la gare de départ sur le vu d'un coupon d'aller conforme au modèle n° 1 ci-joint, établi par le président de la fédération.

Transport des paniers vides au retour. — Sur tous les réseaux indiqués ci-dessus, les paniers vides sont transportés gratuitement au retour en petite vitesse, contre la perception du droit d'enregistrement (0 fr. 10) et du timbre du récépissé (0 fr 70).

A cet effet, le convoyeur remet à la gare d'arrivée un coupon de retour (modèle n° 2) signé par le président de la fédération.

Transport des convoyeurs. — Sur les six grandes compagnies de chemin de fer, il est accordé le transport à demi-tarif en 3e classe, à l'aller et au retour, du convoyeur de toute expédition de 600 kilogrammes au minimum ou payant pour ce poids.

Sur le réseau de l'Etat, la même réduction, transport du convoyeur à demi-tarif, aller et retour en 3e classe, est accordée dans tous les cas, quel que soit le poids des paniers expédiés.

Le coupon de retour du convoyeur doit être utilisé dans les quarante-huit heures qui suivent les opérations du lâcher.

Les réductions de tarifs sont accordées aux convoyeurs sur la présentation d'un ordre de convoyage (modèle n° 3) délivré par le comité directeur de la fédération et signé du président.

La réduction n'étant accordée par les six grandes compagnies que pour les expéditions d'au moins 600 kilogrammes, l'ordre de convoyage devra faire mention du poids des paniers transportés.

PANIERS PLEINS.

MODÈLE Nº 1.

PIGEONS VOYAGEURS

CONCOURS DE L'ÉTAT.

Ce coupon doit être annexé à la feuille d'expédition des paniers pleins.

Coupon d'aller donnant droit à une réduction de 50 p. 100 sur le prix résultant de l'article 37 des tarifs généraux (à remettre à la gare de départ).

Je soussigné, président de la Fédération d   certifie que les   paniers remis ce jour à la gare d   en destination d   contiennent des pigeons voyageurs qui doivent prendre part à un concours de l'Etat.

(Cachet.)   A   , le   189 .

Le Président,

PANIERS VIDES.

MODÈLE Nº 2.

PIGEONS VOYAGEURS

CONCOURS DE L'ÉTAT.

Ce coupon doit être annexé à la feuille d'expédition des paniers vides.

Coupon de retour donnant droit au transport gratuit des paniers vides par les trains de petite vitesse (1) (à remettre à la gare d'arrivée).

Je soussigné, président de la Fédération d   certifie que les   paniers remis ce jour à la gare d   en destination d   ont servi à transporter des pigeons voyageurs destinés à un concours de l'Etat.

(Cachet.)   A   , le   189 .

Le Président,

---

(1) Sauf perception du droit d'enregistrement (0 fr. 10) et du timbre du récépissé (0 fr. 70).

MODÈLE N° 3.

PIGEONS VOYAGEURS

CONCOURS DE L'ÉTAT.

Cet ordre doit être pré-
senté à toute réquisition
des agents des chemins de
fer.

*Ordre de convoyage donnant droit au transport
à demi-tarif : (1)*
de   *à*   *(aller)*
et de   *à*   *(retour).*

Le comité directeur de la Fédération d
a désigné le sieur   pour
accompagner à destination d   les pigeons voyageurs de ladite Fédération qui doivent
prendre part à un concours de l'Etat.

Le poids total des   paniers formant l'expédition est de   kilogr.

(Cachet.)   A   , le   189 .

Le Président,

(1) Le coupon de retour doit être utilisé dans les quarante-huit heures qui suivent le lâcher

Paris et Limoges. — Imprimerie militaire Henri CHARLES-LAVAUZELLE.

Paris et Limoges. — Imprimerie militaire Henri CHARLES-LAVAUZELLE.